Cuisine et Vins *de France*

LES TARTES

60 RECETTES SALÉES ET SUCRÉES

Éditions **marie claire**

Collection CUISINE & VINS DE FRANCE
Un magazine publié par Marie Claire Album
Directrice de la Publication : Irène Karsenty
Direction artistique : Francis Seguin
Lecture-révision : Claudia Renzo
Assistante: Rachel Lérisse

Direction d'édition : Thierry Lamarre
Assistante d'édition: Adeline Lobut

Editions MARIE CLAIRE
Publiées par Société d'Information et de Créations - SIC
Une société de Marie Claire Album
10, bd des Frères Voisin 92792 Issy-Les-Moulineaux Cédex 9 - France
Tél. 01.41.46.88.88
R.C.S. Nanterre 302 114 509 R.C.S. Nanterre
sarl au capital de 3.822.000 euros

N° ISBN : 2-84831-084-7
N° Editeur: 38369
Imprimé par G. Canale & C., Turin (Italie)
Dépôt légal : 2003. Réimpression 2006.

www.editionsmarieclaire.com

LES TARTES

60 RECETTES SALÉES ET SUCRÉES

Sommaire

Les tartes salées

TARTE AU CHOU-FLEUR ET AUX TROIS FROMAGES

Simple et bon marché
PRÉPARATION : 30 MIN
REPOS DE LA PÂTE : 1 H
CUISSON : 1 H

POUR 6 PERSONNES

Pour la pâte : **250 g de farine • 2 pincées de sucre • 150 g de beurre + 1 noix pour le moule • 1 œuf • 3 cuil. à soupe de lait.**

Pour la garniture : **800 g de chou-fleur • 250 g de reblochon • 150 g de cantal • 100 g de comté • 150 g de boulghour (ou, à défaut, de la semoule) • 3 œufs • 15 cl de crème • 1/2 cuil. à café de graines d'anis • sel • poivre blanc du moulin.**

Préparez la pâte : mettez la farine, 2 pincées de sel, le sucre et le beurre en morceaux dans une jatte. Travaillez du bout des doigts jusqu'à ce que le mélange soit sableux. Ajoutez l'œuf et le lait, pétrissez la pâte puis formez une boule et emballez-la dans du film plastique. Mettez-la au frais au moins 1 h.

Faites cuire 10 min les bouquets de chou-fleur à l'eau bouillante salée. Égouttez-les.
Ôtez la croûte des fromages, coupez-les en dés. Dans une casserole, faites chauffer la crème à feu doux. Ajoutez les fromages, remuez jusqu'à ce qu'ils soient fondus. Hors du feu, incorporez les œufs un à un en fouettant, salez légèrement et poivrez.
Préchauffez le four à th. 6-7 (200 °C). Beurrez un moule à tarte à bords un peu hauts (ou un moule à manqué). Abaissez la pâte et garnissez-en le moule. Piquez la pâte, répartissez dessus le boulghour et les bouquets de chou-fleur. Versez la préparation aux trois fromages, parsemez de graines d'anis et enfournez pour 45 à 50 min. Servez très chaud.
Le bon accord : un quincy (Loire).

Les tartes salées

TARTE AU POIREAU ET AU CHAOURCE

Simple et bon marché
PRÉPARATION : 20 MIN
CONGÉLATION : 10 MIN
CUISSON : 45 MIN

POUR 6 PERSONNES
Pour la pâte : **200 g de farine complète • 1/2 cuil. à café de levure chimique • 125 g de beurre mou + 1 noix pour le moule • 10 cl de crème liquide • 1 œuf.**
Pour la garniture : **4 poireaux • 150 g de fromage de Chaource • 15 cl de crème liquide • 40 g de beurre • 2 œufs • 1 cuil. à soupe de graines de sésame doré • sel • poivre.**

Préparez la pâte : mettez la farine dans une jatte avec la levure et le beurre en morceaux. Mélangez du bout des doigts. Ajoutez l'œuf battu avec la crème et ramassez la pâte en boule. Emballez-la dans du film plastique et mettez-la au congélateur 10 min.
Pendant ce temps, préchauffez le four à th. 6 (180 °C). Éliminez la partie terreuse des poireaux et coupez-les en deux dans la longueur. Rincez, épongez et détaillez-les en lanières. Faites-les blanchir 10 min à l'eau bouillante salée, égouttez-les.
Dans une sauteuse, faites chauffer le beurre et faites-y revenir les poireaux à feu doux avec le beurre, salez et poivrez.
Beurrez un moule à tarte, abaissez la pâte et garnissez-en le moule. Piquez-la de quelques coups de fourchette.
Dans un saladier, battez les œufs et la crème, salez à peine, poivrez, versez la moitié de ce mélange sur la pâte.
Posez dessus le fromage émincé, ajoutez le reste du mélange et les lanières de poireaux, parsemez de graines de sésame et faites cuire au four pendant 45 min. Servez chaud ou tiède.
Le bon accord : un sauvignon de saint-bris (Bourgogne).

Les tartes salées

TARTE FEUILLETÉE AUX CHAMPIGNONS

Simple et abordable
PRÉPARATION : 20 MIN
CUISSON : 30 MIN

POUR 4 PERSONNES
200 g de pâte feuilletée • 800 g de champignons sauvages mélangés • 12 brins de cerfeuil • 100 g de beurre • 1 cuil. à soupe de farine • 20 cl de lait • 4 cuil. à soupe rases de polenta précuite • 30 g de parmesan râpé • sel • poivre blanc du moulin.

Préchauffez le four à th. 6-7 (200 °C). Nettoyez les champignons. Coupez les plus gros en morceaux. Abaissez la pâte en un cercle de 24 cm de diamètre environ, piquez-la de plusieurs coups de fourchette et enfournez pour 20 min environ.
Faites fondre 80 g de beurre dans une poêle et mettez les champignons à sauter à feu vif jusqu'à ce qu'ils soient dorés. Salez, poivrez, parsemez de cerfeuil ciselé et réservez.
Faites fondre le reste du beurre dans une petite casserole, jetez la farine dedans, mélangez pendant 1 min. Versez le lait en mince filet sans cesser de remuer et enfin la polenta.
Mélangez encore vigoureusement et laissez frémir 5 min, salez, poivrez, puis incorporez le parmesan. Étalez la crème à la polenta sur la pâte, recouvrez avec les champignons et remettez dans le four 5 à 10 min. Servez aussitôt.
Le bon accord : un gigondas (Rhône).

Les tartes salées

TARTE À LA BROUSSE ET AUX BLETTES

Simple et bon marché
PRÉPARATION : 20 MIN
CUISSON : 45 MIN

POUR 6 PERSONNES
1 rouleau de pâte brisée • 1 botte de blettes • 6 œufs • 400 g de brousse de brebis (fromage frais) • 25 cl de crème liquide • 60 g de pignons • sel • poivre

Préchauffez votre four à th. 6 (180 °C). Séparez les feuilles de blettes des côtes que vous garderez pour une autre utilisation (voir notre conseil). Lavez les feuilles et faites-les blanchir 3 min à l'eau bouillante salée, puis égouttez.
Disposez la pâte avec son papier de cuisson dans un moule à tarte et piquez le fond à la fourchette. Cassez les œufs dans le bol d'un robot, ajoutez la crème, la brousse, du sel et du poivre. Mixez à grande vitesse jusqu'à ce que la préparation soit lisse. Ajoutez les feuilles de blettes et versez l'ensemble sur le fond de tarte. Parsemez de pignons et faites cuire 45 min au four.
Sortez la tarte du four et servez tiède ou froid accompagné d'une salade verte.
Si vous préparez la tarte à l'avance et que vous voulez la servir tiède, passez-la 25 min au four doux th. 5 (150 °C) avant de la servir.
Notre conseil : vous pouvez également réaliser un gratin avec les côtes de blettes restantes. Effilez-les et tronçonnez-les. Faites-les cuire 10 min dans une casserole d'eau bouillante salée. Égouttez-les, mélangez-les avec une sauce tomate et de la crème fraîche. Salez, poivrez et disposez dans un plat à gratin. Parsemez de gruyère râpé ou de parmesan et faites gratiner sous le gril du four.
Le bon accord : un palette blanc (Provence).

Les tartes salées

TATIN DE TOMATES

Simple et bon marché
PRÉPARATION : 30 MIN
CUISSON : 45 MIN

POUR 6 PERSONNES
2 kg de tomates olivettes bien mûres • 1 rouleau de pâte feuilletée • 4 cuil. à soupe de pistou en pot • 100 g de couscous • 1 bouquet de basilic • 1 tomate cerise • 4 cuil. à soupe d'huile d'olive • sel • poivre.

Préchauffez le four à th. 8 (240 °C). Lavez et essuyez les tomates olivettes, coupez-les en deux dans le sens de la longueur et retirez les graines avec une petite cuillère.
Faites revenir les tomates en deux fois dans une sauteuse avec de l'huile d'olive jusqu'à ce qu'elles soient un peu fondues, puis disposez-les en les superposant dans un moule à manqué badigeonné d'huile d'olive. Salez, poivrez, étalez le pistou dessus, ajoutez les feuilles de basilic ciselées (réservez-en quelques-unes pour le décor) et parsemez de semoule de couscous.
Recouvrez avec la pâte feuilletée en rabattant les bords dans le moule, piquez-la de plusieurs coups de fourchette et enfournez. Après 10 min de cuisson, baissez le thermostat à 6 (180 °C) et poursuivez la cuisson 20 à 30 min.
Pour servir, démoulez la tatin de tomates en la retournant sur un plat de service, décorez-la avec les feuilles de basilic réservées et la tomate cerise pelée. Cette tarte se déguste chaude, tiède ou froide.
Nos conseils : vous pouvez faire frire les feuilles de basilic du décor quelques secondes dans de l'huile d'olive, avant de les poser sur la tarte.
Les amateurs ajouteront une gousse d'ail pelée et finement hachée dans la sauteuse lorsque les tomates fondent.
Le bon accord : un côtes-de-provence rosé ou rouge (s'il est léger).

Les tartes salées

TARTE COMPLÈTE AUX LÉGUMES DE PRINTEMPS

Simple et bon marché
PRÉPARATION : 40 MIN
CUISSON : 20 MIN

POUR 6 À 8 PERSONNES
Pour la pâte : **250 g de farine complète + 20 g • 160 g de beurre + 1 noix pour le moule • 1 jaune d'œuf.**
Pour la garniture : **1/2 botte de radis • 6 minicourgettes • 100 g de pois gourmands • 8 pointes d'asperges • 4 oignons nouveaux • 4 minicarottes • 100 g de confiture d'oignons (en pot) • 6 tiges de cerfeuil • 1 cuil. à soupe de sauce soja • 3 cuil. à soupe d'huile d'olive.**
Pour la sauce : **1 bouquet de fines herbes • 20 cl de crème liquide • 2 cuil. à soupe de jus de citron • sel • poivre.**

Préchauffez le four à th. 8 (240 °C). Mettez la farine, le beurre et une pincée de sel dans le bol d'un robot. Mixez pour obtenir une semoule, ajoutez le jaune d'œuf et 1 verre d'eau glacée par la cheminée du robot. Dès que la pâte forme une boule, arrêtez l'appareil.

Beurrez et farinez un moule à tarte. Étalez la pâte et mettez-la dans le moule. Piquez-la de coups de fourchette et posez un moule plus petit, et faites-la cuire à blanc 20 min en prenant soin de baisser le thermostat à 6 (180 °C) au bout de 5 min.

Pendant ce temps, épluchez les légumes et coupez-les en rondelles ou en lanières à l'aide d'un couteau économe. Faites-les cuire à l'eau bouillante salée 8 à 10 min, égouttez-les. Mettez-les dans une jatte, arrosez d'huile et de sauce soja, salez et poivrez. Mélangez délicatement.

Étalez la confiture d'oignons sur le fond de tarte précuit, couvrez avec les légumes et décorez de cerfeuil.

Préparez la sauce : mixez les fines herbes avec la crème et le jus de citron, salez, poivrez. Servez la tarte accompagnée de la sauce en saucière.

Le bon accord : un touraine rouge (Loire).

Les tartes salées

TARTE AUX ÉPINARDS, AUX NOIX ET AU ROQUEFORT

Simple et bon marché
PRÉPARATION : 20 MIN
CUISSON : 20 MIN

POUR 6 PERSONNES
400 g de pâte feuilletée • 1 kg d'épinards frais • 120 g de roquefort • 30 g de cerneaux de noix • 3 œufs + 1 jaune • 10 cl de crème fraîche épaisse • 20 g de beurre • sel • poivre.

Lavez et essorez les feuilles d'épinards. Faites-les fondre à feu doux avec le beurre dans une sauteuse. Concassez grossièrement les cerneaux de noix et émiettez le roquefort. Dans un saladier, fouettez les 3 œufs entiers avec la crème fraîche. Ajoutez les noix et le roquefort. Salez peu et poivrez. Mélangez bien.
Préchauffez le four à th. 7 (210 °C). Étalez la pâte en un rectangle de 20 x 30 cm sur une plaque à four garnie de papier sulfurisé (ou mieux une plaque à pizza). Rabattez les côtés pour former les bords de la tarte. Dorez-les au jaune d'œuf battu avec un peu d'eau.
Disposez sur le fond de pâte les feuilles d'épinards soigneusement égouttées, répartissez dessus la préparation aux noix et au roquefort. Enfournez pour 20 min. Laissez reposer la tarte 5 min dans le four éteint avant de la déguster.
Le bon accord : un muscat-de-saint-jean-de-minervois (Vin doux naturel).

Les tartes salées

PIZZA AUX DEUX POIVRONS

Simple et bon marché
PRÉPARATION : 25 MIN
CUISSON : 55 MIN

POUR 4 PERSONNES

250 g de pâte à pizza • 2 poivrons rouges • 2 poivrons jaunes • 1 mozzarella (125 g environ) • 3 gousses d'ail • 2 cuil. à soupe d'huile d'olive • 10 feuilles de basilic • sel • poivre.

Mettez les poivrons sous le gril du four pendant environ 30 min, en les retournant régulièrement. Retirez-les quand la peau est brune et enfermez-les dans un sac plastique. Laissez-les ainsi refroidir, puis pelez-les (la peau se détache facilement), détaillez-les en lamelles de 1 cm et éliminez pédoncules et graines.

Préchauffez le four à th. 7 (210 °C). Pelez les gousses d'ail, coupez-les en fines lamelles. Étalez la pâte à pizza en rond. Rabattez le tour pour former le bord. Posez-la sur une plaque à four, huilez toute la surface. Répartissez dessus les lamelles d'ail et de poivron en rosace, salez, poivrez. Arrosez du reste d'huile, glissez au four pour 15 min.

Détaillez la mozzarella en tranches de 1 cm. Après 15 min de cuisson de la pizza, répartissez dessus les lamelles de mozzarella. Parsemez de feuilles de basilic, baissez le four à th. 5 (150 °C) et enfournez à nouveau pour 8 à 10 min. Servez chaud.

Le bon accord : un côtes-du-rhône rouge.

Les tartes salées

FEUILLETÉ AUX TROIS FROMAGES

Simple et bon marché
PRÉPARATION : 10 MIN
CUISSON : 30 MIN

POUR 4 PERSONNES
250 g de pâte feuilletée • 60 g d'emmental • 60 g de roquefort • 60 g de chèvre frais • 3 œufs • 25 cl de crème fraîche • 2 pincées de noix de muscade • sel • poivre.

Préchauffez le four à th. 7 (210 °C). Râpez l'emmental. Coupez les deux autres fromages en petits morceaux sans les mélanger.
Battez les œufs en omelette, ajoutez la crème fraîche, la muscade râpée, du sel, du poivre. Fouettez le mélange. Partagez la préparation en trois. Mélangez dans chaque tiers un fromage différent. Abaissez la pâte sur une épaisseur de 1/2 cm. Étalez-la dans un moule à tarte de 24 cm en laissant dépasser un peu le bord. Piquez le fond de tarte. Versez les trois préparations sur la pâte.
Enfournez pour 30 min environ jusqu'à ce que la tarte soit dorée et gonflée. Servez chaud.
Le bon accord : un sancerre blanc (Loire).

TARTELETTES À LA GRECQUE

Simple et bon marché
PRÉPARATION : 35 MIN
CUISSON : 1 H
ATTENTE : 15 MIN

POUR 6 PERSONNES
2 rouleaux de pâte feuilletée • 1 poivron vert • 1 poivron rouge • 3 aubergines moyennes • 3 yaourts nature • 1 jaune d'œuf • 2 gousses d'ail • le jus de 1 citron • 3 cuil. à soupe d'huile d'olive • 18 olives noires • 6 brins de basilic • sel • poivre.

Préchauffez le four à th. 7 (210 °C). Placez aubergines et poivrons sur la plaque du four et laissez-les cuire en les retournant régulièrement (environ 45 min). Quand la peau des poivrons est brune, sortez les légumes du four et enfermez les poivrons dans un sac plastique pour les laisser refroidir (la peau se détachera plus facilement).
Coupez les aubergines en deux dans la longueur et recueillez leur pulpe. Pelez et hachez l'ail. Pelez et épépinez les poivrons refroidis, coupez-les en lamelles. Mixez-les avec l'ail et la pulpe d'aubergine pour obtenir une purée grossière.
Mélangez les yaourts, la purée de légumes, le jus du citron et l'huile d'olive. Salez et poivrez. Réservez le « tarato » au frais.
Baissez le four à th. 6-7 (200 °C). Déroulez les pâtes. À l'aide d'une roulette à pâtisserie, découpez 6 disques ou carrés, piquez-les avec une fourchette et disposez-les sur la plaque du four (avec le papier sulfurisé).
Badigeonnez la pâte de jaune d'œuf battu. Enfournez pour 15 min environ. Dès que la pâte est bien dorée, sortez-la du four et laissez refroidir. Garnissez les tartelettes de tarato, parsemez de basilic ciselé et d'olives, et servez aussitôt.
Le bon accord : un côtes-du-roussillon blanc (Languedoc-Roussillon).

Les tartes salées

TARTELETTES JARDINIÈRES À LA RICOTTA

Simple et bon marché
PRÉPARATION : 30 MIN
CUISSON : 25 MIN

POUR 6 PERSONNES
300 g de pâte feuilletée à étaler • 250 g de ricotta (fromage frais italien) • 6 asperges vertes • 18 tomates cerises • 1 carotte • 100 g de févettes écossées • 3 oignons blancs • 1 courgette • 1 branche de céleri • 4 œufs • 1/2 bouquet de ciboulette • 2 cuil. à soupe de graines de pavot • 1 cuil. à soupe de farine • 25 g de beurre • sel • poivre.

Préchauffez le four à th. 6 (180 °C). Beurrez et farinez 6 moules à tartelette. Pelez et coupez tous les légumes en lamelles, en rondelles ou en petits morceaux et faites-les blanchir 5 min dans de l'eau bouillante salée. Égouttez-les, passez-les sous l'eau froide, puis épongez-les.

Battez les œufs avec la ricotta, salez, poivrez. Ajoutez la ciboulette ciselée et les légumes. Étalez la pâte, puis garnissez-en les moules.

Piquez la pâte et répartissez la préparation. Enfournez pour 25 min. Sortez les tartelettes du four, parsemez de graines de pavot et servez chaud ou tiède.

Le bon accord : un entre-deux-mers (Bordeaux).

QUICHE PARMESANE AUX ASPERGES

Simple et bon marché
PRÉPARATION : 20 MIN
CUISSON : 45 MIN

POUR 6 PERSONNES

1 rouleau de pâte brisée • 500 g d'asperges vertes • 3 œufs • 15 cl de crème épaisse • 20 g de beurre • 75 g de parmesan fraîchement râpé • 5 cl de vin de muscat • 4 brins de cerfeuil • sel • poivre du moulin.

Pelez soigneusement les asperges en partant de la pointe et éliminez la base de la tige. Faites-les cuire 10 min dans un grand volume d'eau bouillante salée, puis égouttez-les. Coupez les plus grosses en deux dans le sens de la longueur.

Préchauffez le four à th. 6-7 (200 °C). Beurrez un moule à tarte. Garnissez-le de pâte brisée en laissant le papier sulfurisé et piquez-la de quelques coups de fourchette. Disposez les asperges sur le fond de pâte.

Cassez les œufs dans un saladier. Fouettez-les avec la crème, et, toujours en fouettant, ajoutez le muscat, le parmesan râpé, le cerfeuil ciselé et un peu de poivre.

Versez la préparation sur les asperges, enfournez pour 25 à 30 min, jusqu'à ce que le dessus soit bien doré. Servez chaud ou tiède.

Le bon accord : un saint-péray (Vallée du Rhône).

Les tartes salées

TARTE AUX ENDIVES ET AUX SAINT-JACQUES

Simple et abordable
PRÉPARATION : 20 MIN
CUISSON : 25 MIN

POUR 6 PERSONNES
1 rouleau de pâte feuilletée • 4 endives • 400 g de noix de Saint-Jacques • 1 petite tomate • 1 jaune d'œuf • 3 brins d'aneth • 50 g de beurre • 1 cuil. à soupe de sucre • fleur de sel • poivre du moulin.

Préchauffez le four à th. 6 (180 °C). Posez la pâte feuilletée sur une plaque à four, rabattez un peu le bord tout autour pour former un petit bourrelet. Piquez la pâte de quelques coups de fourchette, badigeonnez le tour avec le jaune d'œuf battu et faites cuire la tarte à blanc dans le four pendant 12 à 15 min.
Pendant ce temps, retirez les premières feuilles des endives, éliminez la base et coupez-les en rondelles. Faites fondre 30 g de beurre dans une cocotte, mettez les endives à revenir doucement, puis versez 10 cl d'eau, ajoutez le sucre, une pincée de fleur de sel, du poivre. Remuez et laissez cuire environ 20 min.
Coupez les noix de Saint-Jacques en deux dans le sens de l'épaisseur. Faites chauffer le reste de beurre dans une poêle. Saisissez les saint-jacques quelques secondes sur chaque face pour les colorer. Disposez les endives mijotées sur le fond de tarte, répartissez les saint-jacques sur le dessus, rectifiez l'assaisonnement et remettez au four 5 min.
Ébouillantez, pelez et épépinez la tomate. Coupez la chair en petits dés, répartissez-les sur la tarte à la sortie du four, parsemez d'aneth et servez aussitôt.
Le bon accord : un pouilly-fuissé (Bourgogne).

Les tartes salées

TARTE FEUILLETÉE AUX MOULES

Simple et bon marché
PRÉPARATION : 20 MIN
CUISSON : 30 MIN

POUR 6 PERSONNES
1 rouleau de pâte feuilletée • 2 l de moules • 2 oignons • 2 œufs • 10 cl de crème • 1 cuil. à soupe de poudre de curry • 1 cuil. à soupe d'huile • 4 brins de coriandre • sel.

Allumez le four à th. 7 (210 °C). Déroulez la pâte dans un moule à tarte, et piquez-la à la fourchette. Mettez la pâte au four et laissez cuire à blanc 15 min.
Pendant ce temps, grattez les moules et lavez-les plusieurs fois en les brassant. Mettez-les dans une cocotte, couvrez, et laissez-les s'ouvrir sur feu vif en secouant la cocotte de temps en temps. Lorsqu'elles sont toutes ouvertes, retirez-les du feu. Décortiquez-les et mettez-les dans un bol. Filtrez leur jus de cuisson et réservez-en 15 cl.
Pelez et émincez les oignons. Faites chauffer l'huile dans une sauteuse. Mettez-y les oignons à fondre 10 min environ, sans colorer, en remuant régulièrement. Ajoutez la poudre de curry, salez légèrement, remuez, versez le jus des moules et la crème, mélangez, laissez cuire encore 5 min à feu vif.
Hors du feu, incorporez les œufs battus dans la sauteuse et mélangez. Ajoutez les moules, mélangez encore, puis versez la préparation dans le moule à tarte. Enfournez la tarte pour 15 min environ. Dès qu'elle est bien dorée, sortez-la du four, décorez-la de brins de coriandre et servez aussitôt.
Le bon accord : un coteaux-d'aix rosé (Provence).

TOURTE AU POIREAU ET À LA TRUITE

Simple et bon marché
PRÉPARATION : 25 MIN
CUISSON : 50 MIN

POUR 4 PERSONNES
2 rouleaux de pâte feuilletée • 8 filets de truite • 8 poireaux • 1 oignon • 2 cuil. à soupe d'huile d'olive • 20 cl de crème liquide • 20 g de beurre • 3 jaunes d'œufs • sel • poivre.

Faites cuire 10 min les filets de truite à la vapeur. Pendant ce temps, épluchez et émincez les poireaux et l'oignon. Faites chauffer l'huile dans une poêle, mettez les poireaux et l'oignon à fondre doucement 20 min en remuant souvent. Salez, poivrez, mélangez, puis laissez les légumes s'égoutter. Hachez grossièrement au couteau le poisson cuit en éliminant les arêtes.
Préchauffez le four à th. 7 (210 °C). Beurrez un moule à bords hauts et garnissez-le d'un rouleau de pâte en laissant déborder les côtés. Piquez le fond à la fourchette.
Dans un saladier, mélangez les poireaux, la truite, la crème et 2 jaunes d'œufs. Versez cette préparation dans le fond de tarte. Découpez dans le second rouleau de pâte un rond d'un diamètre légèrement inférieur à celui du moule et posez-le sur la garniture. Avec un pinceau, mouillez légèrement les bords de pâte qui dépassent, repliez-les sur le « couvercle » de pâte.
Découpez des décors de feuilles dans les chutes de feuilletage, et collez-les de la même manière sur la surface. Badigeonnez la tourte de jaune d'œuf battu et enfournez-la pour 40 min, couvrez-la de papier aluminium à mi-cuisson. Démoulez dès la sortie du four et servez.
Notre conseil : accompagnez la tourte d'une petite sauce faite de crème liquide tiède additionnée de citron et de fines herbes.
Le bon accord : un premières-côtes-de-blaye blanc (Bordeaux).

Les tartes salées

TARTELETTES AUX ESCARGOTS

Simple et bon marché
PRÉPARATION : 20 MIN
CUISSON : 25 MIN

POUR 6 PERSONNES
500 g de pâte brisée (ou feuilletée) • 3 douzaines d'escargots de Bourgogne (en boîte, au naturel) • 1 botte de cresson • 2 gousses d'ail • 1 échalote • 1/2 bouquet de persil • 1/2 bouquet de cerfeuil • 2 cuil. à soupe de crème épaisse • 50 g de beurre + 10 g pour les moules • 50 g de farine • 1 pointe de noix de muscade • sel • poivre.

Préchauffez le four à th. 6 (180 °C). Étalez la pâte sur le plan de travail fariné, et garnissez-en 6 moules à tartelette beurrés. Piquez le fond à la fourchette et enfournez les moules pour 10 min environ de cuisson à blanc.

Rincez et épongez le cresson, éliminez les tiges. Pelez l'ail et l'échalote et mixez-les finement avec le persil, le cerfeuil (réservez-en 6 brins pour le décor), puis faites-les revenir dans le beurre à feu doux et à couvert avec le cresson 10 min environ.

Au bout de ce temps, ajoutez la crème puis les escargots égouttés. Salez, poivrez, parfumez de muscade, mélangez et remplissez les fonds de tartelettes avec la préparation. Passez-les 7 à 8 min au four. Décorez du cerfeuil réservé et servez aussitôt.

Le bon accord : un beaune blanc (Bourgogne).

Les tartes salées

QUICHE AU SAUMON ET AUX ASPERGES

Simple et abordable
PRÉPARATION : 25 MIN
CUISSON : 45 MIN

POUR 6 PERSONNES
300 g de pâte brisée • 300 g de saumon fumé • 300 g d'asperges vertes • 25 cl de crème liquide • 2 œufs • 3 brins d'aneth • 2 pincées de noix de muscade • 50 g de farine • 1 noix de beurre • sel • poivre.

Préchauffez le four à th. 7 (210 °C). Étalez la pâte brisée sur le plan de travail fariné. Beurrez un moule à tarte de 26 cm de diamètre et garnissez-le de pâte. Piquez le fond avec une fourchette et garnissez-le de papier sulfurisé, couvrez de légumes secs. Enfournez pour 15 min de cuisson à blanc.
Rincez les asperges, pelez-les en partant de la pointe (la partie tendre). Coupez les pointes et hachez grossièrement le reste. Portez à ébullition la crème et plongez-y les pointes. Laissez-les cuire 5 min puis égouttez-les avec une écumoire en gardant la crème. Incorporez le hachis d'asperges dans la crème et faites cuire 10 min environ à feu doux. Mixez et réservez.
Battez les œufs dans une jatte en incorporant la crème d'asperges, l'aneth ciselé et la noix de muscade. Salez et poivrez légèrement.
Coupez le saumon en larges lanières. Sortez le fond de tarte du four, ôtez les légumes secs et le papier sulfurisé, puis versez la crème aux œufs dans le moule. Garnissez de pointes d'asperges et de lamelles de saumon. Enfournez à nouveau pour 20 min. Servez tiède ou froid.
Le bon accord : un petit chablis (Bourgogne).

Les tartes salées

TARTE AU CRABE

Simple et abordable
PRÉPARATION : 15 MIN
CUISSON : 35 MIN

POUR 4 PERSONNES

250 g de pâte brisée • 250 g de chair de crabe • 20 cl de crème liquide • 4 œufs • 1 citron jaune • 1 cuil. à soupe de ciboulette ciselée • 3 brins de cerfeuil ciselé • 50 g de farine • 1 noix de beurre pour le moule • sel • poivre.

Sur le plan de travail fariné, étalez la pâte sur une épaisseur de 0,5 cm. Déposez-la sur un moule à tarte beurré de 24 cm de diamètre. Piquez le fond et laissez-la reposer au réfrigérateur 15 min.

Pendant ce temps, préparez la garniture : prélevez un quart de zeste du citron et pressez le fruit pour recueillir 1 cuillerée à soupe de jus. Émiettez la chair de crabe, mettez-la dans un bol, ajoutez le zeste et le jus du citron, puis mélangez.

Préchauffez le four à th. 7 (210 °C). Battez les œufs en omelette dans une jatte. Ajoutez la crème, les herbes, le crabe citronné, salez et poivrez.

Glissez la tarte dans le four pour 10 min de cuisson à blanc. Sortez-la du four et versez-y la garniture. Enfournez de nouveau pour 10 min, puis baissez le thermostat à 5 (150 °C) et laissez dorer 10 à 15 min. Servez chaud ou tiède.

Le bon accord : un mâcon blanc (Bourgogne).

Les tartes salées

TARTE AUX SARDINES ET AUX LARDONS

Un peu délicat mais bon marché
PRÉPARATION : 25 MIN
CUISSON : 25 MIN

POUR 6 PERSONNES
1 rouleau de pâte feuilletée • 750 g de sardines • 300 g de tomates fermes et mûres • 200 g de lard fumé • 2 cuil. à soupe d'huile d'olive • 3 brins de persil • sel • poivre.

Préparez les sardines : retirez les écailles, la tête, l'arête et la queue sans détacher les filets. Passez-les sous l'eau froide et épongez-les.
Préchauffez le four à th. 8 (240 °C). Déroulez la pâte sur une plaque à four. Piquez-la en laissant tout autour un bord de 3 cm. Coupez les tomates en rondelles de 0,5 cm d'épaisseur et disposez-les sur la partie piquée de la pâte.
Arrosez de 1 cuillère à soupe d'huile et salez. Disposez les sardines en étoile, queues vers le centre. Arrosez du reste d'huile, salez, poivrez. Enfournez pour 15 min. Pendant ce temps, détaillez le lard en tout petits lardons et faites-les dorer rapidement à sec dans une poêle. Ciselez le persil.
Lorsque la tarte a cuit 15 min, baissez le thermostat à 5 (150 °C), parsemez de lardons et de persil et laissez cuire 10 min de plus pour que les bords de la tarte soient dorés et gonflés. Servez aussitôt.
Le bon accord : un gros-plant (Loire).

Les tartes salées

PIZZA AU THON

Simple et bon marché
PRÉPARATION : 10 MIN
CUISSON : 20 À 25 MIN

POUR 4 PERSONNES
200 g de pâte à pizza déjà étalée • 1 boîte de 160 g de thon à l'huile d'olive • 250 g de tomates mûres à point • 1 cuil. à soupe de câpres • quelques gouttes de Tabasco • 1 cuil. à soupe de ciboulette ciselée.

Préchauffez le four à th. 7 (210 °C). Ébouillantez les tomates, rafraîchissez-les et pelez-les. Coupez-les en deux, épépinez-les et détaillez-les en lamelles dans un bol. Égouttez le thon, versez l'huile de la boîte sur les tomates. **Assaisonnez** avec le Tabasco, les câpres, la ciboulette et mélangez. Effeuillez les morceaux de poisson.

Disposez la pâte à pizza sur une plaque à four. Posez au centre, en formant un carré, la moitié de la préparation à base de tomate. Répartissez les morceaux de thon effeuillés. **Couvrez** avec le reste de la préparation. Rabattez les 4 bords de la pâte vers le centre, glissez au four pour 20 à 25 min, jusqu'à ce que la pâte soit dorée. Servez chaud.

Le bon accord : un corbières rosé (Languedoc).

Les tartes salées

PISSALADIÈRE AUX SARDINES

Simple et bon marché
PRÉPARATION : 20 MIN
CUISSON : 40 MIN

POUR 6 PERSONNES

1 rouleau de pâte feuilletée • 16 filets de sardines fraîches • 4 tomates • 3 gros oignons • 3 cuil. à soupe d'huile d'olive • 30 g de beurre • 1 cuil. à soupe de moutarde aux condiments (type Savora) • 1 brin de thym • sel • poivre.

Pelez et émincez les oignons. Faites-les fondre dans une sauteuse sur feu doux avec le beurre pendant 10 min environ.
Pendant ce temps, lavez les tomates, coupez-les en deux et épépinez-les. Faites chauffer 2 cuillerées à soupe d'huile dans une sauteuse, ajoutez les demi-tomates et faites-les revenir sur feu doux pendant 10 min. Salez, poivrez et laissez tiédir.
Préchauffez le four à th. 6 (180 °C). Déroulez la pâte feuilletée dans un moule à tarte. Piquez-la de quelques coups de fourchette.
Répartissez la moutarde sur la pâte, puis couvrez avec les oignons et les tomates tièdes. Pour finir, disposez les filets de sardines en rosace, parsemez de thym et arrosez avec le reste d'huile d'olive. Enfournez la tarte pour une trentaine de minutes. Servez chaud ou tiède.
Le bon accord : un marsannay rosé (Bourgogne).

Les tartes salées

TARTE AU GORGONZOLA ET AU PARME

Simple et bon marché
PRÉPARATION : 15 MIN
CUISSON : 35 MIN

POUR 6 PERSONNES
1 rouleau de pâte brisée • 150 g de jambon de Parme • 150 g de gorgonzola • 80 g de parmesan • 4 œufs • 20 cl de crème épaisse • 2 pincées de noix de muscade • poivre.

Allumez le four à th. 8 (240 °C). Déroulez la pâte dans un moule à tarte. Piquez-la de quelques coups de fourchette. Posez un cercle de papier sulfurisé sur le fond de pâte, ajoutez dessus des haricots secs. Mettez au four et laissez cuire à blanc pendant 10 min.
Râpez le parmesan, coupez le gorgonzola en morceaux et le jambon en petites lamelles. Cassez les œufs dans un bol, versez la crème dessus, poivrez, fouettez, incorporez le parmesan, le gorgonzola, la noix de muscade, les lamelles de jambon, et mélangez bien.
Lorsque le fond de tarte a cuit 10 min. sortez-le du four, enlevez les haricots et le papier sulfurisé, versez à la place la préparation au fromage et remettez au four. Laissez cuire 25 min environ, jusqu'à ce que la tarte soit bien dorée.
Démoulez sur un plat et servez aussitôt.
Le bon accord : un chianti rosé (Italie).

Les tartes salées

TARTE FINE AU PECORINO ET AUX POIRES

Simple et abordable
PRÉPARATION : 20 MIN
CUISSON : 30 MIN

POUR 4 PERSONNES
1 rouleau de pâte feuilletée • 320 g de pecorino (fromage de chèvre italien) • 3 poires williams • 200 g de lardons fumés • 2 gros oignons • 30 g de beurre • sel • poivre.

Pelez et émincez les oignons. Faites chauffer le beurre dans une poêle et faites-y revenir les oignons. Épluchez les poires, ôtez le cœur et les pépins, puis découpez-les en tranches. Taillez le fromage en grosses lamelles. Préchauffez le four à th. 7 (210°C).
Déroulez la pâte feuilletée dans un moule à tarte. Piquez-la de quelques coups de fourchette. Garnissez le fond avec les oignons, puis disposez les tranches de poires et les morceaux de fromage. Pour finir, parsemez avec les lardons. Salez (légèrement, à cause des lardons) et poivrez.
Enfournez la tarte pour 30 min environ, jusqu'à ce que la pâte soit dorée et le fromage fondu. Servez la tarte fine bien chaude avec une salade d'endives.
Le bon accord : un coteaux-du-layon ou un montlouis moelleux (Loire).

Les tartes salées

QUICHE AUX RILLONS

Simple et bon marché
PRÉPARATION : 15 MIN
CUISSON : 30 MIN

POUR 4 PERSONNES
230 g de pâte feuilletée • 200 g de rillons • 3 œufs • 20 cl de crème fraîche épaisse • 80 g de comté râpé • 10 g de beurre fondu • 20 g de farine • sel • poivre.

Préchauffez le four à th. 7 (210 °C). Coupez les rillons en petits morceaux. Dans un saladier, battez les œufs en omelette avec la crème fraîche. Incorporez les rillons et le comté râpé. Salez peu et poivrez bien. Mélangez.
Étalez la pâte feuilletée sur un plan de travail fariné. Beurrez un moule à tarte de 24 cm de diamètre au pinceau avec le beurre fondu. Garnissez-le avec la pâte. Piquez le fond avec une fourchette. Couvrez-le de papier sulfurisé. Étalez dessus des haricots secs. Enfournez pour 5 min.
Sortez le moule du four. Ôtez les haricots et le papier. Versez à la place la garniture aux rillons. Enfournez pour 25 min. Laissez reposer la quiche 5 min dans le four éteint avant de la démouler sur un plat. Servez très chaud.
Notre conseil : utilisez un moule à fond amovible pour faciliter le démoulage. Gardez les chutes de pâte feuilletée pour faire des fleurons que vous ferez cuire 5 min au four.
Le bon accord : un costières-de-nîmes rouge (Languedoc).

Les tartes salées

QUICHE AUX DEUX FROMAGES ET AUX NOIX

Simple et bon marché
PRÉPARATION : 10 MIN
CUISSON : 30 MIN

POUR 6 PERSONNES

250 g de pâte brisée • 100 g d'emmental • 200 g de roquefort • 4 œufs • 25 cl de crème fraîche • 200 g de cerneaux de noix • 20 g de beurre • sel • poivre.

Préchauffez le four à th. 7 (210 °C). Étalez la pâte, déposez-la sur un moule à tarte beurré de 26 cm de diamètre. Piquez-la de quelques coups de fourchette. Enfournez pour 10 min de cuisson à blanc.
Râpez l'emmental et coupez le roquefort en petits morceaux. Battez les œufs en omelette avec la crème. Incorporez le roquefort et mélangez. Mixez la moitié des noix, ajoutez-les à la préparation, salez légèrement et poivrez.
Lorsque la pâte est cuite, répartissez-y l'emmental, versez la préparation aux œufs, éparpillez le reste de noix et glissez 20 min au four. Démoulez et servez chaud.
Le bon accord : un seyssel (Savoie) ou un fleurie (Beaujolais).

Les tartes salées

QUICHE À LA CHOUCROUTE

Simple et bon marché
PRÉPARATION : 20 MIN
CUISSON : 40 MIN

POUR 6 PERSONNES
1 rouleau de pâte brisée • 250 g de choucroute cuite • 200 g de comté • 150 g de lardons fumés • 2 œufs • 20 cl de crème liquide • 10 cl de lait • sel • poivre.

Préchauffez le four à th. 6 (180 °C). Déroulez la pâte et garnissez-en un moule à tarte. Piquez le fond de quelques coups de fourchette. Tapissez de choucroute.
Faites sauter les lardons à sec quelques minutes dans une poêle antiadhésive, égouttez-les et répartissez-les sur la choucroute.
Émincez finement le fromage pour obtenir des lamelles, ou mieux, émincez-le au robot. Dans une jatte, fouettez les œufs avec la crème et le lait, salez légèrement (à cause du lard), poivrez généreusement.
Versez délicatement cette préparation sur la quiche et inclinez le moule en tous sens pour que le liquide soit bien réparti.
Couvrez de lamelles de fromage et faites cuire environ 35 min au four, jusqu'à ce que le dessus soit bien doré et la pâte croustillante. Servez très chaud.
Le bon accord : un sylvaner (Alsace).

CHAUSSON DE VIANDE À L'ORIENTALE

Simple et bon marché
PRÉPARATION : 15 MIN
CUISSON : 35 MIN

POUR 4 PERSONNES
1 rouleau de pâte brisée • 300 g de viande de bœuf hachée • 50 g de raisins de Smyrne • 4 oignons blancs • 25 g de pignons • 1 cuil. à soupe d'huile • 1 jaune d'œuf • 10 brins de coriandre • 10 brins de ciboulette • 2 pincées de quatre-épices • sel • poivre.

Pelez et hachez finement les oignons. Ciselez ciboulette et coriandre. Dans une grande sauteuse, faites chauffer l'huile, faites-y revenir les oignons 5 min à feu doux en remuant souvent.
Ajoutez la viande dans la sauteuse et faites cuire 5 min à feu vif en mélangeant encore. Salez, poivrez, ajoutez les raisins, les pignons, le quatre-épices, remuez et laissez cuire encore 3 min. Parfumez avec les herbes, mélangez et retirez du feu.
Préchauffez le four à th. 7 (210 °C). Déroulez la pâte et posez-la sur une plaque à four. Versez le contenu de la sauteuse sur la moitié de la pâte, jusqu'à 2 cm du bord. Rabattez la pâte sans farce sur la farce et, avec les dents d'une fourchette, soudez les deux bords du chausson en appuyant tout autour. Badigeonnez toute la surface avec le jaune d'œuf battu dans un peu d'eau.
Mettez la plaque au four et laissez cuire pendant 20 min environ, jusqu'à ce que la pâte soit bien dorée. Servez chaud ou tiède avec du mesclun.
Notre conseil : les épices variées sont les bienvenues dans cette recette. Relevez avec du piment de Cayenne, du Tabasco, un peu de cumin…
Le bon accord : un vacqueyras rouge (Vallée du Rhône).

Les tartes salées

TATIN DE LAPEREAU

Un peu délicat et abordable
PRÉPARATION : 30 MIN
CUISSON : 35 MIN

POUR 6 PERSONNES
200 g de pâte feuilletée • 3 râbles de lapereaux désossés (900 g) + les foies et les rognons • 100 g de tapenade • 4 aubergines • 7 tomates • 2 échalotes • 1 gousse d'ail • 6 tiges de basilic • 2 brins de thym frais • 15 cl d'huile d'olive • 1 pincée de sucre • sel • poivre.

Ébouillantez, pelez et épépinez les tomates. Concassez-en deux, réservez les autres. Pelez et hachez l'ail, ciselez la moitié du basilic. Dans une sauteuse, faites revenir 10 min les tomates concassées avec 2 cuillerées à soupe d'huile, l'ail, le thym, le basilic ciselé, du sel, du poivre et le sucre. Hors du feu, ajoutez la tapenade et mélangez.
Lavez et coupez les aubergines en rondelles, faites-les dorer à la poêle dans 3 cuillerées à soupe d'huile. Égouttez-les sur du papier absorbant.
Coupez le reste des tomates en rondelles. Faites blondir les échalotes pelées et hachées dans une sauteuse avec 2 cuillerées à soupe d'huile. Mettez-y à saisir les râbles de lapereaux sur toutes les faces, salez et poivrez.
Préchauffez le four à th. 7 (210 °C). Huilez un moule à manqué. Alternez-y les râbles émincés, les rondelles de tomates et d'aubergines. Recouvrez de tapenade tomatée. Posez la pâte dessus. Rentrez les bords, piquez la pâte à la fourchette. Laissez reposer 15 min au frais avant d'enfourner pour 15 min.
Pendant ce temps, faites revenir les foies et les rognons. Sortez la tarte du four, retournez-la sur un plat de service, disposez les foies et les rognons émincés au centre, décorez avec le reste du basilic et servez aussitôt.
Le bon accord : un gigondas (Vallée du Rhône).

Les tartes salées

TOURTE DE POMMES DE TERRE

Simple et bon marché
PRÉPARATION : 30 MIN
CUISSON : 1 H 20

POUR 6 PERSONNES
1 rouleau de pâte brisée • 1 rouleau de pâte feuilletée • 1,5 kg de pommes de terre à chair ferme (type charlotte) • 200 g de comté râpé • 2 échalotes • 30 cl de crème liquide • 1 jaune d'œuf • 1 pincée de noix de muscade • sel • poivre.

Préchauffez le four à th. 8 (240 °C). Épluchez et émincez les échalotes. Pelez, lavez et essuyez les pommes de terre. Coupez-les en fines rondelles. Mélangez-les aux échalotes. Salez, poivrez, parfumez de muscade.

Disposez la pâte brisée dans un moule à tarte à bords assez hauts. Coupez la pâte à ras du moule (réservez les chutes). Versez la moitié des pommes de terre, nappez de crème, couvrez avec la moitié du fromage râpé et recommencez l'opération.

Déroulez dessus la pâte feuilletée. Soudez les bords avec ceux de la pâte brisée en pinçant entre les doigts mouillés d'eau froide. Pratiquez une cheminée au centre et maintenez-la avec une bande de papier d'aluminium repliée sur elle-même.

Découpez quelques feuilles pour le décor dans les chutes de pâte. Badigeonnez le dessus de la tourte de jaune d'œuf battu. Collez les feuilles de pâte et dorez-les également avec l'œuf battu.

Faites cuire 20 min au four chaud, puis baissez le thermostat à 5 (150 °C) et poursuivez la cuisson encore 1 h en couvrant la tourte d'aluminium si elle se colore trop vite. Glissez une lame fine de couteau pour vérifier si les pommes de terre sont tendres. Servez très chaud avec une salade verte.

Le bon accord : un côtes-du-jura blanc.

Les tartes salées

TARTE AUX POIRES À LA FOURME D'AMBERT

Simple et bon marché
PRÉPARATION : 20 MIN
CUISSON : 40 MIN

POUR 6 PERSONNES
1 rouleau de pâte brisée • 250 g de fourme d'Ambert • 3 poires • 50 g de beurre • 50 g de farine • 40 cl de lait • 1 pincée de noix de muscade • sel • poivre blanc du moulin.

Préchauffez le four à th. 6 (180 °C). Préparez une béchamel : faites fondre le beurre dans une casserole, jetez la farine en pluie et remuez vivement avec une spatule en bois. Laissez cuire 1 min sans cesser de remuer, puis versez petit à petit le lait en mince filet, tout en continuant de remuer. Lorsque la béchamel est lisse, laissez-la épaissir un peu à feu doux.
Ajoutez ensuite la fourme d'Ambert coupée en morceaux et mélangez bien. Assaisonnez de poivre et de muscade, puis goûtez et salez si nécessaire.
Déroulez la pâte dans un moule et piquez le fond de quelques coups de fourchette. Versez la béchamel sur la pâte, puis égalisez la surface avec une spatule.
Pelez les poires, coupez-les en deux dans le sens de la longueur, retirez le cœur et la tige ligneuse. Posez chaque demi-poire côté coupé sur une petite planche, puis détaillez-la en fines lamelles dans le sens de la largeur. **Glissez** la lame du couteau sous la demi-poire découpée afin de la disposer sur la tarte en conservant sa forme. Faites cuire la tarte dans le four chaud pendant 30 à 35 min et servez-la chaude ou tiède.
Le bon accord : un gewurztraminer Vendanges Tardives (Alsace).

Les tartes sucrées

TARTE AU CITRON MERINGUÉE

Simple et bon marché
PRÉPARATION : 30 MIN
RÉFRIGÉRATION : 1 H 30
CUISSON : 30 MIN

POUR 6 PERSONNES
Pour la pâte : **250 g de farine + 20 g • 75 g de sucre glace • 25 g de poudre d'amandes • 1 œuf • 150 g de beurre mou • sel.**
Pour la crème : **3 citrons non traités • 3 œufs • 200 g de beurre • 150 g de sucre en poudre.**
Pour la meringue : **3 blancs d'œufs • 150 g de sucre en poudre • 1 cuil. à soupe de sucre glace.**

Préparez la pâte : tamisez séparément sucre et farine. Dans une terrine, travaillez longuement le beurre à la spatule avec le sucre, puis avec la poudre d'amandes, 1 pincée de sel, l'œuf et enfin la farine. Roulez la pâte en boule, emballez-la dans du papier-film et mettez-la 1 h au frais.
Préparez la crème : râpez le zeste de 1 citron. Pressez les trois fruits, filtrez le jus. Faites fondre le beurre, ajoutez 10 cl de jus et les zestes, faites frémir. Dans une jatte, fouettez les œufs et le sucre. Versez sur le beurre en fouettant. Réservez au frais. Préchauffez le four à th. 6 (180 °C).
Étalez la pâte. Garnissez-en un moule à tarte. Mettez au frais 30 min.
Passé ce temps, piquez la pâte à la fourchette, garnissez de papier sulfurisé et de haricots secs. Enfournez pour 10 min. Ôtez la garniture et remettez 10 min au four.
Battez les blancs d'œufs en neige ferme avec une pincée de sel. Incorporez le sucre en poudre petit à petit.
Garnissez le fond de tarte avec la crème au citron. Étalez irrégulièrement la meringue. Poudrez de sucre glace et faites dorer 5 à 7 min sous le gril du four. Servez froid.
Le bon accord : un muscat-de-rivesaltes (Vin doux naturel).

TARTELETTES AUX FRAISES ET AU FONTAINEBLEAU

Simple et bon marché
PRÉPARATION : 20 MIN
CONGÉLATION : 25 MIN
CUISSON : 20 MIN

POUR 6 PERSONNES
Pour la pâte : **220 g de farine + 20 g pour les moules • 125 g de beurre mou + 20 g pour les moules • 80 g de sucre glace • 40 g d'amandes en poudre • 1 œuf.**
Pour la garniture : **3 fontainebleaux • 120 g de sucre • 250 g de fraises.**

Préchauffez le four à th. 6 (180 °C). Mélangez les ingrédients de la pâte du bout des doigts, formez une boule, enveloppez-la dans du film plastique et mettez-la au congélateur 10 min.
Beurrez et farinez 6 moules à tartelettes. Étalez la pâte, disposez-la dans les moules, piquez-la avec une fourchette et placez les moules 15 min dans le congélateur.
Garnissez les moules de papier sulfurisé et de haricots secs (ou de cailloux) et faites cuire à blanc 15 min. Retirez les haricots et le papier, puis poursuivez la cuisson encore 5 min. Laissez complètement refroidir avant de démouler sur une grille.
Lavez et équeutez les fraises. Coupez-les en bâtonnets dans la longueur. Disposez les fontainebleaux sur les tartelettes, garnissez de bâtonnets de fraise. Poudrez d'un voile de sucre et servez.
Notre conseil : vous pouvez accompagner ces tartelettes d'un coulis de fruits rouges.
Le bon accord : un champagne rosé.

Les tartes sucrées

TARTES FINES AUX FIGUES

Simple et bon marché
PRÉPARATION : 30 MIN
RÉFRIGÉRATION : 20 MIN
CUISSON : 30 MIN

POUR 4 PERSONNES
1 rouleau de pâte feuilletée • 16 figues fraîches • 80 g de sucre cassonade.
Pour le caramel : **25 cl de vin rouge • 1 gousse de vanille • 10 morceaux de sucre.**

Déroulez la pâte feuilletée, découpez-la en 4 morceaux de taille identique. Piquez-les de quelques coups de fourchette. Taillez les figues en fines lamelles.
Recouvrez chaque fond de pâte avec des lamelles de figue sur une épaisseur de 2 cm. Saupoudrez de cassonade et laissez reposer 20 min au réfrigérateur.
Préchauffez le four à th. 7 (210 °C). Sortez les tartes fines du réfrigérateur et enfournez-les sur une grande plaque à pâtisserie pour environ 30 min.
Pendant ce temps, faites cuire ensemble dans une petite casserole, le vin, le sucre et la gousse de vanille fendue en deux dans la longueur. Laissez réduire jusqu'à ce qu'un caramel sirupeux se forme. Éteignez le feu. Lorsque les tartes sont dorées, sortez-les du four et laissez-les tiédir.
Servez les tartes encore tièdes avec une boule de glace vanille et un filet de caramel au vin rouge.
Le bon accord : un banyuls (Vin doux naturel).

TARTELETTES AUX MÛRES ET AU MASCARPONE

Simple et bon marché
PRÉPARATION : 20 MIN
CUISSON : 15 MIN

POUR 4 PERSONNES
1 rouleau de pâte sablée • 200 g de mûres • 200 g de mascarpone (fromage frais italien) • 50 g de sucre glace • 2 jaunes d'œufs • 2 cuil. à soupe de cassonade.

Préchauffez le four à th. 6 (180 °C). Rincez rapidement les mûres, équeutez-les s'il y a lieu. Déroulez la pâte sablée et garnissez-en 4 moules à tartelettes (conservez le papier de cuisson). Piquez la pâte avec une fourchette et faites cuire les fonds de tarte à blanc 10 min au four.
Préparez la crème au mascarpone : dans un saladier, mélangez le sucre glace, le mascarpone et les jaunes d'œufs. Fouettez vigoureusement l'ensemble.
Répartissez cette préparation sur les fonds de tarte, posez les mûres dessus, poudrez de cassonade et passez les tartelettes sous le gril du four, juste pour faire caraméliser le sucre. Servez aussitôt.
Le bon accord : une crème de mûre.

Les tartes sucrées

TARTELETTES À LA RHUBARBE, FAÇON FIADONE

Simple et bon marché
PRÉPARATION : 25 MIN
CUISSON : 30 MIN

POUR 6 PERSONNES

250 g de pâte brisée • 6 faisselles individuelles • 300 g de rhubarbe • 4 œufs • 180 g de sucre en poudre • 50 g de cassonade • 20 g de farine • 40 g de beurre + 1 noix pour les moules • le zeste de 1 citron • 6 brins de menthe.

Quelques heures à l'avance, mettez les faisselles à égoutter au réfrigérateur.
Préchauffez le four à th. 6 (180 °C), beurrez et farinez 6 moules à tartelette. Épluchez la rhubarbe et coupez-la en rondelles. Faites fondre le beurre dans une casserole, saisissez-y la rhubarbe. Poudrez de cassonade et laissez cuire 5 min à feu doux.
Abaissez la pâte brisée et garnissez-en les moules. Répartissez la rhubarbe. Hachez finement le zeste du citron. Cassez les œufs en séparant les blancs des jaunes.
Dans un saladier, fouettez les jaunes avec le sucre. Ajoutez les faisselles, le zeste haché et mélangez encore. Montez les blancs en neige ferme, incorporez-les délicatement à la préparation précédente, puis répartissez l'ensemble dans les moules. Enfournez pour 20 à 25 min.
Laissez tiédir les tartelettes avant de les démouler. Servez-les froides décorées d'un brin de menthe fraîche.
Le bon accord : un gewurztraminer (Alsace) ou un muscat du cap Corse.

Les tartes sucrées

TARTE AUX FRAISES

Un peu délicat mais bon marché
PRÉPARATION : 40 MIN
CUISSON : 25 MIN
REPOS DE LA PÂTE : 1 H

POUR 6 PERSONNES
650 g de fraises • 2 cuil. à soupe de gelée de groseilles.
Pour la pâte : **250 g de farine • 75 g de sucre glace • 10 g de sucre vanillé • 150 g de beurre mou • 1 œuf • 1 pincée de sel.**
Pour la crème : **100 g d'amandes en poudre • 90 g de sucre • 30 g de farine • 100 g de beurre mou • 2 œufs.**

Tamisez la farine sur le plan de travail, ajoutez le sel, les sucres et le beurre. Travaillez pour obtenir une texture sableuse. Creusez un puits au centre, cassez l'œuf au milieu. Ramenez l'ensemble au centre en pétrissant légèrement la pâte. Veillez à ne pas trop la travailler. Roulez-la en boule, enveloppez-la dans du film plastique et réservez-la au réfrigérateur au moins 1 h.

Préchauffez le four à th. 6 (180 °C). Étalez la pâte sur un plan de travail fariné, disposez-la dans un moule à tarte de 26 cm de diamètre à fond amovible. Piquez le fond et garnissez de légumes secs. Enfournez pour 15 min de cuisson à blanc.

Préparez la crème : dans une jatte, mélangez le sucre, la farine et la poudre d'amandes. Fouettez les œufs et le beurre dans un bol. Versez-les dans la jatte et remuez.

Sortez le fond de tarte du four, ôtez les légumes secs et versez dessus la crème. Enfournez à nouveau pour 10 min, puis laissez refroidir.

Équeutez et lavez les fraises. Disposez-les en rosace sur la tarte en les serrant bien. Badigeonnez les fraises de gelée de groseilles tiédie. Réservez au frais jusqu'au moment de servir.

Le bon accord : un anjou rosé (Loire).

TARTE AUX FRUITS ROUGES

Un peu délicat et abordable
PRÉPARATION : 25 MIN
CUISSON : 15 À 20 MIN

POUR 6 PERSONNES

250 g de pâte sablée • 100 g de poudre d'amandes • 100 g de sucre en poudre • 100 g de beurre + 20 g pour le moule • 3 œufs • 1 cuil. à soupe de rhum • 300 g de framboises • 150 g de cassis • 125 g de fraises des bois • 125 g de groseilles • 4 cuil. à soupe de gelée de groseilles • le zeste de 1 citron • 1 brin de menthe.

Préchauffez le four à th. 6 (180 °C). Beurrez un moule à tarte, garnissez-le de la pâte sablée. Piquez le fond à la fourchette.

Dans un saladier, mélangez le sucre et le beurre ramolli puis ajoutez la poudre d'amandes. Mélangez à nouveau avant d'incorporer les trois œufs entiers et le rhum. Étalez uniformément la crème sur la pâte et glissez dans le four chaud. Laissez cuire 15 à 20 min en surveillant le dessus de la crème (si nécessaire, recouvrez d'une feuille d'aluminium à mi-cuisson). Retirez la tarte du four et laissez-la refroidir.

Rincez rapidement cassis et groseilles. Disposez-les ainsi que les fraises des bois et les framboises en rosace sur la crème d'amandes, en alternant les couleurs.

Faites fondre la gelée de groseilles avec 1 cuillerée à soupe d'eau et nappez-en les fruits à l'aide d'un pinceau. Décorez la tarte de lanières de zestes de citron nouées et quelques feuilles de menthe fraîche.

Nos conseils : pour que la tarte refroidisse rapidement, ce qui donne une pâte plus croustillante, posez-la sur une grille à pied, l'air circulera sous le fond. Vous pouvez servir cette tarte aux fruits rouges avec de la crème fouettée.

Le bon accord : un côtes-de-provence rosé.

Les tartes sucrées

TARTE SANS FOND ABRICOTS ET AMANDES

Simple et bon marché
PRÉPARATION : 15 MIN
CUISSON : 35 MIN

POUR 6 PERSONNES
16 abricots • 3 œufs • 200 g de poudre d'amandes • 80 g de miel liquide • 80 g de beurre + 20 g pour le moule • 50 g de sucre en poudre • 50 g d'amandes effilées.

Beurrez un moule à tarte et saupoudrez-le de sucre en poudre. Préchauffez le four à th. 6 (180 °C).
Dans un saladier, mélangez les œufs et la poudre d'amandes. Faites chauffer légèrement le miel et faites fondre le beurre, puis incorporez-les dans le saladier. Mélangez jusqu'à obtenir une crème bien lisse.
Essuyez les abricots, ouvrez-les en deux et dénoyautez-les.
Versez la crème aux amandes dans le moule et disposez les abricots côté bombé vers le fond. Parsemez d'amandes effilées. Enfournez pour 30 min, en surveillant la crème pour qu'elle ne noircisse pas (si nécessaire, protégez-la de papier aluminium à mi-cuisson). Laissez refroidir et servez.
Le bon accord : un baux-de-provence rosé.

TATIN AUX ABRICOTS

Un peu délicat mais bon marché
PRÉPARATION : 15 MIN
CUISSON : 35 MIN
CONGÉLATION : 15 MIN

POUR 6 PERSONNES
1 rouleau de pâte feuilletée • 1 kg d'abricots • 50 g d'amandes effilées • 230 g de sucre • 30 g de beurre.

Préparez le caramel : faites chauffer 150 g de sucre avec 1 cuillerée à soupe d'eau dans une petite casserole. Secouez régulièrement le manche de la casserole pour répartir la chaleur. Dès que le caramel blondit, versez-le dans un moule à tarte antiadhésif et mettez le plat au congélateur environ 15 min afin que le caramel durcisse.
Préchauffez le four à th. 6 (180 °C). Lavez les abricots. Coupez-les en deux et dénoyautez-les. Sortez le moule à tarte du congélateur et disposez les quartiers d'abricots en rosace dans le fond du moule. Saupoudrez-les avec le reste de sucre et parsemez de noisettes de beurre.
Recouvrez les abricots avec la pâte feuilletée en rabattant la pâte à l'intérieur du moule. Piquez de quelques coups de fourchette et faites cuire au four 25 à 30 min.
Faites griller les amandes à sec dans une poêle.
Sortez la tarte du four, laissez-la reposer quelques minutes, puis retournez-la sur un plat de service. Saupoudrez d'amandes grillées et servez tiède.
Le bon accord : un muscat-de-rivesaltes (Vin doux naturel).

Les tartes sucrées

TARTE AUX NECTARINES ET AU PAIN D'ÉPICE

Pour 6 personnes
PRÉPARATION : 15 MIN
CUISSON : 30 MIN

POUR 6 PERSONNES
1 rouleau de pâte sablée • 4 tranches de pain d'épice • 1 kg de nectarines • 2 œufs • 20 cl de crème liquide • 50 g d'amandes effilées • 100 g de sucre • 50 g de poudre d'amandes.

Préchauffez le four à th. 6 (180C°). Déroulez la pâte dans un moule à tarte sur son papier sulfurisé. Piquez de quelques coups de fourchette.
Lavez et essuyez les nectarines, coupez-les en deux pour les dénoyauter, puis détaillez-les en fines lamelles. Émiettez le pain d'épice et mettez-le dans un saladier. Ajoutez les œufs, la crème, la moitié du sucre et la poudre d'amandes. Mélangez pour obtenir une préparation homogène.
Disposez les nectarines en rosace sur le fond de tarte, versez délicatement la préparation dessus. Enfournez pour une trentaine de minutes jusqu'à ce que le dessus commence à dorer. Sortez alors la tarte, parsemez-la avec le reste de sucre et décorez avec les amandes effilées.
Faites caraméliser quelques minutes sous le gril du four, puis démoulez sur une grille. Servez tiède ou froid.
Notre conseil : avant de la passer au gril, vous pouvez également saupoudrer la tarte de cannelle en poudre.
Le bon accord : un loupiac (Bordeaux).

Les tartes sucrées

TARTE AMANDINE AUX NECTARINES

Simple et bon marché
PRÉPARATION : 15 MIN
CUISSON : 50 MIN

POUR 6 PERSONNES
1 rouleau de pâte brisée • 750 g de nectarines • 100 g de beurre + 20 g pour le moule • 125 g de sucre • 125 g de poudre d'amandes • 2 œufs • 1 cuil. à soupe de rhum • 1 cuil. à soupe de pistaches hachées • 2 cuil. à soupe de sucre glace.

Préchauffez le four à th. 6 (180 °C). Déroulez la pâte dans un moule à tarte beurré, piquez-la de quelques coups de fourchette et réservez-la. **Faites fondre** le beurre et versez-le dans le bol d'un mixeur. Ajoutez la poudre d'amandes, le sucre, les œufs entiers et le rhum. Faites fonctionner l'appareil jusqu'à ce que le mélange soit lisse. Versez-le sur le fond de pâte. **Passez les nectarines** sous l'eau froide, essuyez-les, coupez-les en deux pour les dénoyauter. Détaillez-les en quartiers et disposez-les sur la crème d'amandes en appuyant un peu pour les enfoncer, saupoudrez de sucre glace et enfournez pour 50 min environ. Démoulez la tarte sur une grille, laissez-la tiédir, parsemez-la ensuite de pistaches hachées.
Le bon accord : un muscat (Vin doux naturel).

Les tartes sucrées

JALOUSIE AUX POMMES

Simple et bon marché
PRÉPARATION : 30 MIN
CUISSON : 25 MIN

POUR 4 À 6 PERSONNES
300 g de pâte feuilletée • 4 pommes • 1 citron • 4 cuil. à soupe de confiture d'abricots (ou de gelée de pomme) • 1 jaune d'œuf.

Pressez le citron pour en recueillir le jus. Pelez les pommes, éliminez le cœur et les pépins. Coupez-les en lamelles, arrosez de jus de citron.
Préchauffez le four à th. 7 (210 °C). Divisez la pâte en deux. Étalez une moitié en un rectangle de 15 cm sur 30 cm. Posez-le sur une plaque de cuisson humide. Disposez dessus les lamelles de pommes à 1 cm du bord. Badigeonnez-les avec la confiture d'abricots (ou la gelée de pomme).
Étalez le reste de pâte aux mêmes dimensions. Tracez-y à la roulette à pâtisserie des entailles espacées de 1 cm. Arrêtez les découpes à 1 cm du bord.
Badigeonnez les bords de la première abaisse avec du jaune d'œuf battu avec un peu d'eau. Posez la deuxième abaisse dessus, pressez bien sur les bords pour les souder. Dorez la surface avec le reste de jaune dilué et enfournez pour 25 à 30 min. En fin de cuisson, le dessus du gâteau doit être bien doré. Dégustez tiède ou froid.
Le bon accord : un muscat d'Alsace ou un petit verre de calvados.

Les tartes sucrées

TARTE TATIN

Un peu délicat mais bon marché
PRÉPARATION : 20 MIN
CUISSON : 45 MIN
REPOS : 30 MIN

POUR 6 PERSONNES
2 kg de pommes • 250 g de farine + 20 g • 150 g de beurre mou • 300 g de sucre • 1 œuf • sel.

Versez la farine dans un saladier, creusez un puits au centre et cassez-y l'œuf. Ajoutez une pincée de sel, 100 g de sucre et 100 g de beurre ramolli. Mélangez l'ensemble du bout des doigts pour obtenir une pâte. Enveloppez-la dans du papier-film et laissez-la reposer 30 min au réfrigérateur.
Épluchez les pommes, et coupez-les en quartiers, en éliminant le cœur et les pépins. Préchauffez le four à th. 6 (180 °C). Dans un moule en métal, faites fondre le reste du sucre et de beurre sur feu doux. Hors du feu, rangez les pommes dans le fond du moule. Remettez à chauffer sur feu doux, laissez cuire sans remuer jusqu'à ce que les pommes caramélisent légèrement.
Sur un plan de travail fariné, étalez la pâte en disque d'un diamètre légèrement supérieur au moule. Posez-le sur les pommes. Rentrez les bords de pâte à l'intérieur du moule. Piquez la pâte avec une fourchette. Enfournez pour 25 min, jusqu'à ce que la pâte soit dorée. À la sortie du four, démoulez la tarte en la retournant sur un plat de service. Dégustez chaud ou tiède, avec éventuellement de la crème fraîche.
Notre conseil : les pommes les plus adaptées à cette recette sont les reines des reinettes, mais les variétés canada ou boskoop conviennent très bien.
Le bon accord : un gaillac doux (Sud-Ouest) ou un calvados.

TARTE AUX POMMES À L'ANCIENNE

Un peu délicat mais bon marché
PRÉPARATION : 30 MIN
RÉFRIGÉRATION : 1 H
CUISSON : 1 H

POUR 6 PERSONNES
Pour la pâte : **250 g de farine • 125 g de beurre + 20 g • sel.**
Pour la garniture : **2 kg de pommes • le jus de 1 citron • 100 g de sucre en poudre • 1 gousse de vanille • 1 cuil. à café de cannelle en poudre • 2 cuil. à soupe de confiture d'abricots.**

Dans une jatte, mélangez du bout des doigts la farine, une pincée de sel et le beurre ramolli. Incorporez un peu d'eau pour obtenir une pâte homogène. Formez une boule, emballez-la dans du film plastique et mettez 1 h au frais.
Pendant ce temps, lavez 6 pommes, coupez-les en morceaux sans les peler, ôtez le cœur et les pépins. Mettez les morceaux dans une casserole à fond épais avec le jus de citron, la gousse de vanille fendue et 50 g de sucre. Ajoutez 10 cl d'eau et laissez cuire 15 min sur feu doux en remuant, jusqu'à ce que les pommes soient très tendres.
Préchauffez le four à th. 6 (180 °C). Étalez la pâte sur un plan de travail fariné. Garnissez-en un moule à tarte beurré et fariné.
Passez les pommes (après avoir ôté la gousse de vanille) au moulin à légumes pour obtenir une compote. Laissez tiédir, étalez sur la pâte. Pelez les autres pommes, éliminez cœurs et pépins, coupez-les en quartiers, puis en lamelles. Rangez-les en cercles sur toute la tarte. Saupoudrez la surface avec le reste de sucre et la cannelle, enfournez pour 35 à 40 min, jusqu'à ce que la pâte soit dorée. Sortez la tarte du four, badigeonnez-la de confiture tiédie. Servez tiède ou froid.
Le bon accord : un gewuztraminer (Alsace).

Les tartes sucrées

TARTE GASCONNE AUX POMMES

Un peu délicat mais bon marché
PRÉPARATION : 30 MIN
RÉFRIGÉRATION : 1 H
CUISSON : 50 MIN

POUR 6 À 8 PERSONNES
Pour la pâte : **220 g de farine • 60 g de sucre glace • 125 g de beurre + 1 noix • 50 g d'amandes en poudre • 1 œuf.**
Pour la garniture : **1 œuf + 1 jaune • 3 pommes canada • 30 g de beurre • 150 g de pruneaux dénoyautés • 4 cuil. à soupe d'armagnac • 30 cl de crème fraîche épaisse • 50 g de sucre roux.**

Préparez la pâte : dans une jatte, mettez la farine, le sucre glace, le beurre en morceaux, la poudre d'amandes et travaillez du bout des doigts, puis ajoutez l'œuf et formez une boule de pâte. Enveloppez-la dans du film plastique et mettez-la au moins 1 h au frais ou 15 min au congélateur.
Préchauffez le four à th. 6 (180 °C). Battez la crème avec 30 g de sucre et l'œuf entier, réservez-la. Pelez les pommes, coupez-les en quatre, retirez le cœur et les pépins. Recoupez les quartiers en morceaux. Faites-les revenir 10 min au beurre dans une sauteuse à feu doux, en remuant souvent. Ajoutez les pruneaux coupés en deux, mélangez. Retirez les fruits de la poêle et déglacez-la à l'armagnac sur feu vif, remettez les fruits, ajoutez la crème, remuez et réservez.
Abaissez la pâte et garnissez-en un moule à tarte beurré (réservez les chutes), rectangulaire de préférence. Piquez-la et répartissez les fruits à la crème.
Découpez de fines bandes de pâte dans les chutes, posez-les en croisillons sur la tarte, badigeonnez-les avec le jaune d'œuf battu et poudrez avec le reste de sucre. Enfournez pour 40 min, démoulez et servez tiède.
Le bon accord : un cidre.

Les tartes sucrées

TARTE AUX POIRES AU VIN

Simple et bon marché
PRÉPARATION : 30 MIN
CUISSON : 40 MIN

POUR 6 PERSONNES

1 rouleau de pâte sablée • 6 poires • 1/2 bouteille de vin rouge • 10 cl de sirop de cassis • 250 g de sucre • 150 g de poudre d'amandes • 2 jaunes d'œufs • 150 g de beurre.

Versez le vin et le sirop de cassis dans une casserole, ajoutez 100 g de sucre, portez à ébullition, puis réglez le feu et laissez frémir.
Épluchez les poires en laissant la queue, creusez-les un peu à la base pour ôter le cœur et les pépins. Plongez-les dans le sirop frémissant et laissez cuire 20 min.
Préchauffez le four à th. 6 (180 °C).
Préparez la crème d'amandes : faites fondre le beurre, versez-le dans un saladier avec le reste de sucre, la poudre d'amandes et les jaunes d'œufs. Mélangez soigneusement.
Déroulez la pâte à tarte dans un moule et versez la crème d'amandes dessus. Enfournez pour 10 min.
Égouttez bien les poires et remettez le jus à réduire sur feu vif pour obtenir un coulis. Au bout de 10 min de cuisson de la tarte, sortez-la du four, enfoncez un peu les poires dans la crème et remettez au four pour 10 min. Sortez la tarte, laissez-la refroidir sur une grille. Servez froid avec le coulis (tiède ou froid).
Le bon accord : un fleurie ou un régnié (Beaujolais).

TARTE DE MONTÉLIMAR AUX POIRES

Simple et bon marché
PRÉPARATION : 35 MIN
REPOS DE LA PÂTE : 30 MIN
CUISSON : 1 H

POUR 6 À 8 PERSONNES
Pour la pâte : **220 g de farine • 60 g de sucre • 140 g de beurre • 1 gros jaune d'œuf • sel.**
Pour la garniture : **4 poires • 30 cl de lait • 100 g de nougat de Montélimar • 4 jaunes d'œufs • 100 g de sucre • 40 g de farine • 1 cuil. à soupe de sucre glace • 1 cuil. à soupe de pistaches décortiquées non salées.**

Préparez la pâte : dans une jatte, réunissez la farine, le sucre, 1 pincée de sel et le beurre en morceaux. Travaillez du bout de doigts jusqu'à ce que le mélange soit sableux. Ajoutez le jaune d'œuf et 2 cuillerées à soupe d'eau, formez une boule, emballez-la dans un film plastique et mettez-la au frais 30 min.
Faites chauffer le lait avec le nougat en morceaux, faites fondre en remuant de temps en temps. Fouettez les jaunes d'œufs et le sucre. Quand le mélange blanchit, ajoutez la farine, versez le lait chaud au nougat en filet. Reversez dans la casserole et faites épaissir sur feu doux.
Concassez les pistaches. Pelez et coupez les poires en deux. Après avoir retiré cœur et pépins, émincez-les en lamelles pas trop fines. Préchauffez le four à th. 6-7 (200 °C). Abaissez la pâte et garnissez-en un moule, piquez le fond.
Versez un peu de crème dans le moule, disposez les poires, versez le reste de crème, parsemez de pistaches et enfournez pour 30 min. Réduisez le thermostat à 5-6 (170 °C) et laissez dorer la tarte encore 20 à 25 min. Démoulez-la sur une grille, poudrez d'un voile de sucre glace et servez tiède ou froid.
Le bon accord : un coteaux-du-layon (Loire).

Les tartes sucrées

TARTE RENVERSÉE AUX POIRES ET AUX ÉPICES

Un peu délicat mais bon marché
PRÉPARATION : 25 MIN
CUISSON : 40 MIN

POUR 6 PERSONNES
6 poires mûres mais fermes • 1 rouleau de pâte brisée • 1 cuil. à café de cannelle en poudre • 2 clous de girofle • 1 pincée de gingembre en poudre • 2 sachets de sucre vanillé • 100 g de sucre en poudre • 50 g de beurre • le jus de 1 citron.

Préchauffez le four à th. 6 (180 °C). Dans un saladier, mélangez les deux sucres avec la cannelle, le gingembre et les clous de girofle concassés. Faites chauffer le beurre dans une tourtière ou une poêle antiadhésive à manche amovible.
Épluchez les poires, coupez-les en deux, puis éliminez cœurs et pépins. Arrosez-les avec le jus de citron. Passez rapidement les demi-poires dans le sucre épicé, sur leurs deux faces, puis posez-les côté bombé vers le haut, dans le beurre mousseux. Saupoudrez avec le reste du sucre aux épices et laissez dorer 10 min.
Recouvrez les demi-poires de pâte brisée et rentrez les bords à l'intérieur du moule. Enfournez la tourtière pour 35 à 40 min, jusqu'à ce que la pâte soit bien dorée. Sortez-la du four, laissez un peu refroidir, puis renversez la tarte sur un plat. Servez tiède ou froid.
Le bon accord : un cidre fermier brut.

Les tartes sucrées

TARTE POIRES-MENDIANTS

Simple et bon marché
PRÉPARATION : 30 MIN
CUISSON : 1 H

POUR 6 À 8 PERSONNES

1 rouleau de pâte brisée • 3 poires bien mûres • 120 g de fruits secs concassés (amandes, noisettes, noix, pistaches) • 20 cl de crème fraîche liquide • 50 g de sucre roux • 1 œuf • 20 g de beurre pour le moule.

Préchauffez le four à th. 5-6 (160 °C). Déroulez la pâte dans un moule et piquez-la de quelques coups de fourchette. Battez ensemble, à la fourchette, la crème fraîche, l'œuf et le sucre. Ajoutez les fruits secs concassés et mélangez encore.
Pelez les poires, ôtez cœurs et pépins. Coupez-les en lamelles et disposez-les sur le fond de tarte. Recouvrez avec la crème aux fruits secs et faites cuire au four pendant 1 h.
Laissez tiédir la tarte avant de la démouler sur un plat, puis servez.
Le bon accord : un poiré (boisson fermentée à base de jus de poires fraîches).

TARTE CHOCO-POIRE

Simple et bon marché
PRÉPARATION : 20 MIN
CUISSON : 35 MIN

POUR 6 À 8 PERSONNES
250 g de pâte brisée • 3 poires au sirop • 125 g de chocolat noir amer • 15 cl de crème fraîche liquide • 1 œuf • 1 sachet de sucre vanillé • sucre glace • 20 g de beurre pour le moule.

Égouttez les poires et coupez-les en lamelles sans les détacher complètement. Préchauffez le four à th. 7 (210 °C). Étalez la pâte, garnissez-en un moule à tarte beurré de 26 cm de diamètre et piquez-la de quelques coups de fourchette. Tapissez le fond de papier sulfurisé, ajoutez des légumes secs, mettez au four et laissez cuire 15 min à blanc.
Cassez le chocolat en petits morceaux et mettez-les dans une casserole, versez la crème dessus et faites fondre à feu doux. Cassez l'œuf dans un bol, ajoutez le sucre vanillé et fouettez le mélange. Quand le chocolat est fondu, retirez la casserole du feu, remuez, ajoutez l'œuf vanillé et mélangez bien.
Lorsque le fond de tarte aura cuit 15 min, sortez-le du four, enlevez les légumes secs et le papier sulfurisé. Versez sur la pâte la préparation au chocolat, lissez le dessus et posez-y les demi-poires. Appuyez légèrement afin de les ouvrir en éventail.
Baissez le four à th. 5 (150 °C). Remettez la tarte au four et laissez cuire encore 20 min. Retirez du four, laissez tiédir, démoulez, saupoudrez d'un nuage de sucre glace et servez.
Notre conseil : vous pouvez utiliser des poires fraîches. Dans ce cas, pelez-les, évidez-les et faites-les cuire 20 min dans un sirop léger.
Le bon accord : un jurançon moelleux (Sud-Ouest).

TARTE AUX AMANDES ET AUX PAMPLEMOUSSES

Simple et bon marché
PRÉPARATION : 30 MIN
CONGÉLATION : 10 MIN
CUISSON : 45 MIN

POUR 6 À 8 PERSONNES
Pour la pâte : **250 g de farine + 20 g pour le plan de travail • 100 g de sucre • 125 g de beurre + 20 g pour le moule • 1 jaune d'œuf.**
Pour la crème : **100 g de beurre mou • 100 g de sucre • 125 g de poudre d'amandes • 2 cuil. à soupe de farine • 2 œufs • 2 pamplemousses roses • sucre glace.**

Réunissez la farine, 125 g de beurre, le sucre, le jaune d'œuf dans le bol d'un robot, puis mixez par à-coups jusqu'à ce que la pâte forme une boule. Enveloppez-la dans du film alimentaire et mettez-la 10 min dans le congélateur.
Préchauffez le four à th. 6 (180 °C). Préparez la crème : mixez à grande vitesse le beurre mou, le sucre, la poudre d'amandes, la farine et les œufs entiers, jusqu'à ce que vous obteniez une crème lisse.
Étalez la pâte sur un plan de travail fariné. Beurrez un moule à tarte et garnissez-le de pâte. Piquez-la de quelques coups de fourchette, recouvrez-la de papier sulfurisé, garnissez-la de haricots secs et enfournez pour 20 min de cuisson à blanc.
Pelez les pamplemousses à vif puis prélevez les quartiers. Retirez le papier sulfurisé et les haricots du fond de pâte, étalez la crème dessus, disposez les quartiers de pamplemousse en étoile. Baissez le thermostat à 5 (150 °C). Enfournez la tarte pour 25 min de cuisson. Sortez-la du four, laissez tiédir, démoulez et poudrez d'un voile de sucre glace avant de servir.
Le bon accord : un coteaux-du-layon (Loire).

TARTE DES ÎLES À L'ANANAS

Un peu délicat mais bon marché
PRÉPARATION : 30 MIN
REPOS DE LA PÂTE : 1 H
CUISSON : 1 H 15

POUR 6 À 8 PERSONNES
Pour la pâte : **200 g de farine • 110 g de beurre + 1 noix • 1 citron vert • 50 g de noix de coco râpée • 85 g de sucre glace • 1 œuf**
Pour la garniture : **2 petits ananas Victoria ou 1 ananas de Côte d'Ivoire • 50 g de beurre • 130 g de sucre roux • 2 œufs • 15 cl de crème liquide • 50 g de noix de coco râpée • 2 cuil. à soupe de rhum ambré**

Préparez la pâte : râpez le zeste du citron et pressez le fruit. Dans une jatte, réunissez la farine, le beurre en morceaux, la noix de coco râpée, le zeste et le sucre glace. Travaillez du bout des doigts. Ajoutez l'œuf et le jus du citron puis formez une boule. Emballez-la dans du film plastique et mettez-la au frais au moins 1 h.
Épluchez les ananas, coupez-les en deux, retirez le cœur fibreux. Détaillez la moitié des fruits en dés et l'autre en tranches régulières. Mettez les dés dans une casserole avec 1/2 verre d'eau, 50 g de sucre et faites compoter 30 min sur feu doux à découvert.
Dans une poêle, faites revenir les tranches d'ananas avec le beurre, retournez-les et saupoudrez-les avec 50 g de sucre. Réservez. Battez les œufs avec la crème, la noix de coco râpée et le reste de sucre, puis versez le rhum et la compotée d'ananas.
Préchauffez le four à th. 6-7 (200 °C). Abaissez la pâte et garnissez-en un moule beurré. Piquez-la et garnissez-la de la crème à l'ananas, disposez les tranches d'ananas caramélisées et enfournez pour 45 min. Servez tiède ou froid. Vous pouvez décorer la tarte avec de la noix de coco râpée.
Le bon accord : un gewurztraminer (Alsace).

Les tartes sucrées

TARTE À LA MANGUE

Simple et bon marché
PRÉPARATION : 15 MIN
CUISSON : 20 MIN

POUR 4 PERSONNES

1 rouleau de pâte brisée • 2 belles mangues • 80 g de cassonade • 1 gousse de vanille • 1 sachet de sucre vanillé • 2 cuil. à soupe de noix de coco râpée • 1 noix de beurre pour le moule.

Allumez le four à th. 6 (180 °C). Beurrez un moule à tarte de 24 cm de diamètre et garnissez-le de pâte, piquez le fond de quelques coups de fourchette, posez dessus un papier sulfurisé, garnissez de légumes secs, glissez au four et laissez cuire à blanc pendant 15 min.

Pelez les mangues, coupez-les en deux, ôtez le noyau et coupez la pulpe en tranches de 1 cm d'épaisseur. Réservez-en une dizaine, mettez le reste dans le bol d'un mixeur avec la cassonade et mixez en fine purée. Versez cette purée dans une casserole, grattez au-dessus les graines contenues dans la gousse de vanille fendue en deux, et faites cuire 5 min sur feu doux en remuant souvent.

Lorsque la pâte a cuit 10 min, sortez-la du four, retirez les légumes secs et le papier. Versez à la place la purée, étalez-la, garnissez avec les tranches de mangue réservées, poudrez de sucre vanillé. Remettez au four et poursuivez la cuisson 5 min.

Sortez la tarte du four, saupoudrez de noix de coco râpée et laissez tiédir. Démoulez et servez tiède ou froid.

Le bon accord : un jurançon moelleux (Sud-Ouest).

TARTE À LA BANANE

Simple et bon marché
PRÉPARATION : 25 MIN
CUISSON : 45 MIN

POUR 6 PERSONNES

1 rouleau de pâte brisée • 4 bananes jaunes • 50 g de beurre + 1 noix pour le moule • 10 cl de lait de coco • 1 œuf • 50 g de sucre roux • 3 cuil. à soupe de noix de coco râpée.

Préchauffez le four à th. 7 (210 °C). Pelez les bananes, coupez-les en rondelles un peu épaisses. Mettez à chauffer le beurre dans une poêle et faites-y dorer les rondelles de banane rapidement.

Disposez la pâte à tarte dans un moule beurré et piquez-la de quelques coups de fourchette. Cassez l'œuf dans un bol, battez-le en omelette, ajoutez le sucre, le lait de coco et la noix de coco râpée. Versez le mélange sur le fond de tarte.

Disposez les rondelles de banane en rosace et faites cuire la tarte pendant 45 min environ en baissant le thermostat à 6 (180 °C), à mi-cuisson.

Sortez la tarte du four lorsqu'elle est dorée. Démoulez et laissez un peu refroidir. Servez la tarte tiède et accompagnez-la à volonté d'une boule de glace vanille ou rhum-raisins.

Notre conseil : vous pouvez tartiner la pâte à tarte d'une mince couche de chocolat noir fondu avant d'y placer les rondelles de bananes.

Le bon accord : un vieux rhum.

TARTE CAJUN AUX NOIX DE PÉCAN

Simple et bon marché
PRÉPARATION : 30 MIN
CUISSON : 1 H

POUR 6 PERSONNES
250 g de pâte brisée • 4 œufs • 200 g de noix de pécan • 150 g de sirop de maïs ou d'érable • 150 g de sucre roux • 1 cuil. à café de cannelle en poudre • 3 cuil. à soupe de farine • 1 noix de beurre pour le moule.

Préchauffez le four à th. 6 (180 °C). Beurrez un moule à tarte de 26 cm de diamètre. Étalez la pâte au rouleau sur le plan de travail fariné, mettez-la dans le moule et piquez-la à l'aide d'une fourchette.
Mettez la moitié des noix de pécan dans le bol d'un robot avec le sirop de maïs (ou d'érable), le sucre roux, les œufs entiers, la cannelle, et 2 cuillerées à soupe de farine. Mixez jusqu'à obtenir une consistance homogène.
Versez la préparation sur le fond de tarte. Disposez dessus le reste des noix de pécan : commencez par le centre pour obtenir une jolie présentation en couronne. Enfournez pour 1 h environ. La tarte doit être bien dorée. Servez tiède ou froid.
Le bon accord : un arbois rosé (Jura) ou un rivesaltes (Vin doux naturel).

Les tartes sucrées

TARTE SUCRÉE AU FROMAGE BLANC ET À LA MENTHE

Simple et bon marché
PRÉPARATION : 20 MIN
CUISSON : 40 MIN

POUR 6 PERSONNES

1 rouleau de pâte sablée • 400 g de fromage blanc lisse à 40 % MG • 4 œufs • 4 cuil. à soupe bombées de sucre en poudre • 200 g de raisins de Corinthe • 1 bouquet de menthe fraîche.

Préchauffez le four à th. 6 (180 °C). Déroulez la pâte avec le papier sulfurisé dans un moule à tarte. Piquez le fond avec une fourchette, enfournez pour 10 min de cuisson à blanc, puis sortez le moule et laissez refroidir.

Pendant ce temps, ciselez grossièrement la menthe, cassez les œufs en séparant les blancs des jaunes. Fouettez les jaunes avec le sucre, ajoutez le fromage blanc, les raisins et la menthe.

Battez les blancs en neige ferme et incorporez-les délicatement au mélange précédent. Versez sur le fond de tarte et enfournez pour 30 min environ, jusqu'à ce que la tarte soit gonflée et dorée. Démoulez sur une grille et laissez refroidir. Servez bien frais.

Notre conseil : vous pouvez poudrer la tarte de sucre glace et de cannelle en poudre.

Le bon accord : un muscat d'Alsace.

Les tartes sucrées

MOELLEUX À LA CASSONADE

Simple et bon marché
PRÉPARATION : 20 MIN
ATTENTE : 3 À 4 H
CUISSON : 25 MIN

POUR 6 PERSONNES
250 g de farine • 100 g de beurre + 20 g pour le moule • 2 œufs • 20 g de levure de boulanger • 4 cuil. à soupe de lait • 40 g de sucre en poudre • 150 g de cassonade • 1 cuil. à soupe de crème épaisse.

Faites tiédir le lait, émiettez-y la levure. Dans un saladier, mettez la farine et le sucre en poudre. Ajoutez les œufs, 75 g de beurre mou et la levure. Travaillez la pâte, puis mettez-la dans un moule à tarte beurré. Couvrez le moule d'un linge humide et laissez lever la pâte pendant 3 à 4 h dans un endroit tiède, à l'abri des courants d'air. Quand elle est levée, préchauffez le four à th. 6 (180 °C).
Préparez la garniture : mettez la cassonade dans une petite casserole avec le reste de beurre et faites fondre à petit feu en remuant. Ajoutez ensuite la crème et mélangez bien.
Laissez refroidir, puis étalez ce mélange sur la pâte. Enfournez pour 25 min environ.
Servez tiède ou froid avec une crème anglaise ou en accompagnement de fruits rouges.
Le bon accord : un vieux rhum.

LINZERTORTE AUX FRAMBOISES

Simple et bon marché
PRÉPARATION : 15 MIN
REPOS DE LA PÂTE : 2 H
CUISSON : 35 MIN

POUR 6 PERSONNES
Pour la pâte : **200 g de beurre • 140 g de farine • 1 cuil. à café de cannelle en poudre • 1 pincée de clou de girofle en poudre (ou, à défaut, 1 clou de girofle écrasé) • 200 g de poudre d'amandes • 150 g de sucre • 1 pincée de sel • 1 citron non traité.**
Pour la garniture : **600 g de framboises • 150 g de sucre • 1 gousse de vanille.**

Préparez la pâte : coupez le beurre froid en dés. Lavez le citron, prélevez son zeste et hachez-le finement. Pressez la moitié du fruit pour en recueillir le jus. Mettez les ingrédients de la pâte dans le bol d'un robot, mixez 30 secondes. Formez une boule, enveloppez-la d'un papier-film et laissez reposer au réfrigérateur 2 h.
Pendant ce temps, grattez les graines noires de la gousse de vanille au-dessus d'une casserole. Ajoutez les framboises et le sucre. Mélangez et faites cuire 10 min à feu moyen, puis laissez refroidir.
Préchauffez le four à th. 6-7 (210 °C). Beurrez un moule à tarte de 24 cm de diamètre. Mettez un tiers de la pâte au congélateur. Étalez le reste entre deux feuilles de papier sulfurisé sur une épaisseur d'environ 4 à 5 mm, garnissez-en le moule. Piquez le fond. Garnissez de framboises cuites. Ramassez les chutes de pâte et étalez-les avec la pâte réservée sur une épaisseur de 2 mm. Coupez des lanières de 1 cm environ et posez-les en treillis sur les framboises. Enfournez pour 35 min.
Sortez la linzertorte du four et laissez-la refroidir avant de la démouler.
Le bon accord : une eau-de-vie de framboise.

TARTELETTES À LA CRÈME BRÛLÉE

Un peu délicat mais bon marché
PRÉPARATION : 30 MIN
CUISSON : 25 MIN
RÉFRIGÉRATION : 3 H

POUR 6 PERSONNES
Pour la pâte : **220 g de farine • 60 g de sucre • 150 g de beurre + 1 noix • 2 jaunes d'œufs • sel.**
Pour la garniture : **50 cl de lait • 100 g de sucre • 2 gousses de vanille • 4 jaunes d'œufs • 20 g de farine • 20 g de Maïzena • 50 g de beurre • 6 cuil. à café de cassonade.**

Préparez la pâte : dans une jatte, réunissez la farine, le sucre, 2 pincées de sel et le beurre en morceaux. Travaillez du bout des doigts jusqu'à ce que le mélange soit sableux. Ajoutez les jaunes d'œufs et 2 cuillerées à soupe d'eau. Formez une boule, emballez-la dans du film plastique et mettez-la 1 h au frais.
Préchauffez le four à th. 6 (180 °C) et beurrez 6 moules à tartelette. Abaissez la pâte et posez-la dans les moules. Piquez-la à la fourchette, couvrez de papier sulfurisé et garnissez de haricots secs. Faites cuire 10 min à blanc. Retirez papier et haricots et poursuivez la cuisson 15 min. Démoulez sur une grille et laissez refroidir.
Faites bouillir le lait avec les gousses de vanille fendues. Dans un saladier, fouettez les jaunes d'œufs et le sucre. Dès que le mélange blanchit, incorporez la farine, la Maïzena et le lait vanillé en filet (sans les gousses). Reversez la crème dans la casserole, faites épaissir sur feu doux sans cesser de remuer, puis mélangez-la avec le beurre en morceaux dans une jatte.
Garnissez les moules avec la crème et placez 2 h au frais. Au moment de servir, saupoudrez de cassonade, faites caraméliser rapidement sous le gril du four et servez.
Le bon accord : un champagne.

TARTE NOIX-CHOCOLAT AUX RAISINS CARAMÉLISÉS

Un peu délicat mais bon marché
PRÉPARATION : 30 MIN
CUISSON : 30 MIN
RÉFRIGÉRATION : 3 H

POUR 6 À 8 PERSONNES
Pour la pâte : **200 g de farine • 50 g de Maïzena • 2 pincées de sucre • 180 g de beurre + 1 noix • 1 jaune d'œuf • 5 cl de vinaigre balsamique • sel.**
Pour la garniture : **200 g de chocolat noir à 55 % de cacao minimum • 20 cl de crème liquide • 20 g de beurre • 150 g de sucre • 125 g de cerneaux de noix • 10 grains de raisin blanc.**

Préchauffez le four à th. 6 (180 °C). Dans une jatte, mettez la farine, la Maïzena, 2 pincées de sel, le sucre, le beurre. Malaxez du bout des doigts pour obtenir un gros sable. Ajoutez le jaune d'œuf, 2 cuillerées à soupe d'eau et le vinaigre, puis formez une boule. **Abaissez** la pâte dans un moule beurré, piquez-la à la fourchette et placez-la 1 h au frais. Couvrez de papier sulfurisé et garnissez de haricots secs. Faites cuire à blanc 15 min, puis retirez papier et haricots. Poursuivez la cuisson 15 min. Démoulez et laissez-le refroidir sur une grille. **Faites chauffer** la crème, hachez le chocolat au couteau et mettez-le dans une jatte. Versez la crème chaude sur le chocolat en remuant puis ajoutez le beurre et lissez la préparation à la spatule. Déposez les cerneaux (réservez-en quelques-uns pour le décor) sur le fond de tarte, couvrez avec la crème au chocolat et placez 2 h au frais. **Préparez un caramel** avec le sucre mouillé d'un peu d'eau. Laissez-le tiédir, trempez-y les grains de raisin un par un, puis les cerneaux de noix réservés en vous aidant d'une fourchette. Au moment de servir, décorez la tarte avec les noix et les raisins caramélisés.
Le bon accord : un maury (Vin doux naturel).

Index

LES TARTES SALÉES

LES TARTES SUCRÉES

Crédits

PHOTOGRAPHIES
Jérome Bilic (photo de couverture et pp. 7, 9, 11, 27, 47, 69, 95, 99, 109, 123 et 125), Pierre Cabanes (pp. 51 et 103), Ryman Cabanes (p. 65), Christine Fleurent (pp. 17, 21, 23, 37, 41, 43, 45, 105, 111 et 121), Pierre Hussenot (pp. 13, 79, 81 et 107), Jean-Jacques Magis (pp. 35, 71 et 75), Alain Muriot (pp. 25, 29, 57, 63, 67, 73, 77, 85, 93, 97, 117 et 119), Jean-François Rivière (pp. 15, 19, 31, 33, 39, 49, 53, 55, 59, 61, 83, 87, 89, 91, 101,113 et 115).

REMERCIEMENTS
À Sylvie Bandeville-Oulerich, Juliette Bordat, Michèle Carles, Sandrine Giacobetti, Marie Leteuré, Valérie Lhomme, Jean-François Mallet, Pascale Mosnier, Monique Mourgues, Élisabeth Scotto et Karine Valentin (pour ses accords vins) ; Sylvie André, Domitille Peyron et Isabelle Teboul (iconographes).